AF493974

JE LE TIENS CE NID DE FAUVETTE

LE NID DE FAUVETTE,

OU

ABÉCÉDAIRE ORNITHOLOGIQUE,

CONTENANT des Leçons tirées de l'Histoire naturelle des Oiseaux ;

AVEC DE PETITES FABLES

PROPRES à instruire et amuser les Enfants ;

Orné de 16 planches gravées en taille-douce, représentant 40 oiseaux et quelques autres sujets.

SIXIÈME ÉDITION.

PARIS,

Chez LE PRIEUR, Libraire, rue des Mathurins Saint-Jacques, hôtel de Cluny.

1816.

DE L'IMPRIMERIE DE A. BELIN.

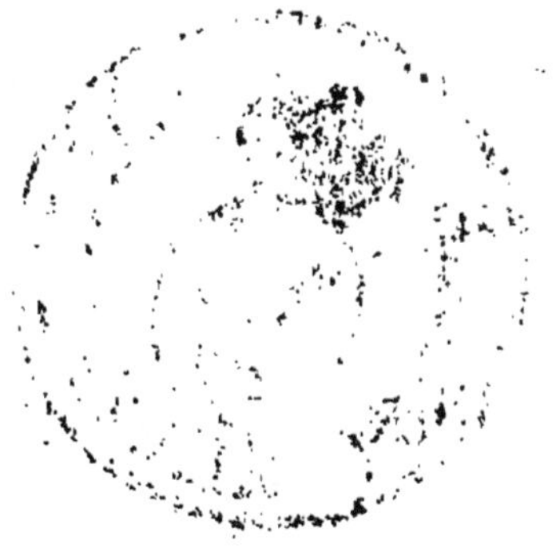

a	b
c	d
e	f

g	h
i	k
l	m

n	o
p	q
r	s

t	u
v	x
y	z

A B C D

E F G H

I J K L

M N O P

Q R S T

U V X Y Z.

A B C D

E F G H

I J K L

M N O P

Q R S T

U V X Y Z.

a b c d

e f g h

i j k l

m n o p

q r s t

u v x y z.

a e i ou y o u

ba be bi bo bu

ca ce ci co cu

da de di do du

fa fe fi fo fu

ga ge gi go gu

ha he hi ho hu

ja je ji jo ju

ka ke ki ko ku

la le li lo lu

ma	me	mi	mo	mu
na	ne	ni	no	nu
pa	pe	pi	po	pu
qua	que	qui	quo	qu
ra	re	ri	ro	ru
sa	se	si	so	su
ta	te	ti	to	tu
va	ve	vi	vo	vu
xa	xe	xi	xo	xu
za	ze	zi	zo	zu

Lettres liées ensemble.

æ	œ	fi	ffi
ſi	ſſi	fl	ffl
ff	ſb	ſl	ſſ
ct	ſt	w	&.
æ	*œ*	*fi*	*ffi*
ſi	*ſſi*	*fl*	*ffl*
ff	*ſb*	*ſl*	*ſſ*
ct	*ſt*	*w*	*&.*

Œil.

Œuf.

Bœuf.

Mots les plus faciles à épeler.

Sons simples de deux syllabes.

Pa - pa.	Papa.
Bo-bo.	Bobo.
Co-co.	Coco.
Mi-di.	Midi.
A-mi.	Ami.
Ce-ci.	Ceci.
Ce-la.	Cela.
Ma-ri.	Mari.
Pa-ri.	Pari.

Se-ra. Sera.
Vê-tu. Vêtu.
Zé-ro, Zéro.
Fe-ra. Fera.
Ti-ra. Tira.
Ri-ra. Rira.

Sons simples de trois syllabes.

Pi-lo-tis. Pilotis.
O-pé-ra. Opéra.
Nu-mé-ro. Numéro.
A-ni-mé. Animé.
Bâ-ti-ra. Bâtira.

Sons composés d'une seule syllabe.

On.

Bon.

Mon.

Ton.

Son.

Nos.

Vos.

Ses.

Mal.

Car.

Cor.

Par.

Dos.

Qui.

Que.

Lui.

Moi.

Toi.

Soi.

Tel.

Au.

Pot.

Pis.

Mer.

Ver.

Il.

Fit.

Un.

Pan.

Sur.

Mur.

En.

Vin.
Peu.
Feu.
Jeu.

Sons plus composés d'une syllabe.

Eau.	Peau.
Eaux.	Peaux.
Beaux.	Bien.
Lent.	Vent.
Pend.	Dans.
Dent.	Tant.
Mou.	Tout.
Loup.	Coup.

Nous.	Vous.
Tous.	Pour.
Lourd.	Court.
Verd.	Perd.
Sert.	Tort.
Bord.	Fort.
Mort.	Corps.
Leur.	Peur.
Foin.	Loin.
Point.	Moins.
Gain.	Grain.
Brin.	Bain.
Nain.	Faim.
Daim.	Frein.
Doit.	Voit.

Poids.	Pois.
Poix.	Fier.
Dieu.	Pieu.
Dieux.	Pieux.
Maux.	Faux.
Faulx.	Bien.
Sien.	Mien.
Tien.	Chien.
Cinq.	Pont.
Long.	Poil.

Sons encore plus composés.

Blanc

Bleu.

Pli.

Plus.

Pluie.

Bras.

Brun.

Broc.

Bruit.

Fruit.

Gros.

Grand.

Gris.

Gril.

Très.

Trois.

Trop.

Trot.

Choix.

MOTS DE DEUX SYLLABES.

Sons composés.

Jou-jou.
Ma-man.
Fan-fan.
Cou-sin.
Bal-lon.
Cou-teau.
Gâ-teau.
Cro-quet.
Gre-lot.
Dra-gon.

Bre-bis.
Cli-mat.
Four-neau.
Clai-ron.
Char-mant.
Char-mer.
Par-ler.
Jou-er.
Li-vret.
Pa-pier.

*Exemples de l'*e *muet.*

Mon-de.
Fem-me.
Ter-re.
Lu-ne.
Vi-e.
En-vi-e.

Vu-e.
Bel-le.
Don-ne.
Fai-re.
Preu-ve.

Lettres accentuées.

é	(accent aigu.)
à è ù	(accent grave.)
â ê î ô û	(accent circonflexe.)
ë ï ü	(tréma.)

Exemples de l'accent aigu.

É-té.
É-co-le.
É-lu.
É-cor-ce.
Cré-er.
Cré-é.
Cu-ré.
Cu-rée.

Ré-gent.
Ré-fé-ré.
Ai-mé.
Por-té.
Por-tée.

Exemples de l'accent grave.

Pè-re.
Mè-re.
Mi-sè-re.
Pro-grès.
Suc-cès.
Pro-cès.

Exemples de l'accent circonflexe.

Pâ-té.
Pâ-te.
Tê-te.
Mê-me.
Gî-te.
Vî-te.

Cô-te.
Vô-tre.
Dô-me.
Bû-che.
Flû-te.

Exemples du tréma.

Ha-ï.
Ha-ïr.
Na-ïf.
A-ï-eul.
Po-ë-te.
Bo-ë-te.
Co-ëf-fe.
E-sa-ü.
Sa-ül.

Comment on prononce l'y grec,
(il tient la place de deux *i.*)

Voyage.
Moyen.
Citoyen.

Payen.
Pays.
Abbaye.
Paysan.
Yeux.
Yeuse.

Comment on prononce ch.

Chez.
Chat.
Chien.
Chu-cho-ter.
Chi-rur-gi-en.

Cas où l'on prononce ch *comme si c'étoit un* k.

Or-ches-tre.
Cho-ris-te.
Chré-ti-en.
Chro-ni-que.
Chi-ro-man-cie.
Cha-os.

Du ç cédille.

Ma-çon.
Re-çu.
Gar-çon.
Fa-ça-de.
For-çat.
Fran-çois.
Su-ço-ter.

De l mouillée.

Mouil-ler.
Fil-le.
Fa-mil-le.
Quil-le.
Fail-lir.
A-beil-le.
O-reil-le.
Cueil-lir.
Re-cueil.
Ail.
Pail-le.

Pail-las-son.
Bil-lard.
Gail-lard.
Co-quil-le.

Du g *mouillé.*

Rè-gne.
Pei-gne.
Tei-gne.
Ro-gnon.
O-gnon.
Mon-ta-gne.
Cam-pa-gne.
Com-pa-gnie.

Prononciation de ph *comme si c'étoit une* f.

Phi-lo-so-phe.
Phy-si-que.
Phra-se.
Jo-seph.
Jo-sé-phi-ne.

h *ordinaire.*

L'hom-me.
L'hon-nê-te-té.
L'hon-neur.
L'heu-reux.

h *aspirée.*

Le hé-ros.
Le hé-raut.
Le har-di.
La hon-te.
Le hon-teux.
La Hol-lan-de.
Le hi-bou.

Lettres doubles, æ *et* œ.

Mu-sæ.
Ta-bu-læ.
Pa-tu-læ.
Vœu.

Nœud.
Cœur.
Œuf.
Bœuf.
Œil.
Œil-let.

W prononcé comme *ou.* (*Cette lettre double nous vient des Anglais et des Allemands.*)

Wisk (prononcez *Ouisk.*)
Wiski. (*Ouiski.*)
War-wick. (*Ouar-Ouick.*)

x *prononcé ordinairement.*

E-xer-ci-ce.
He-xa-mè-tre.
Ex-cès.
Ex-cel-lent.

x *prononcé comme* ss.

Au-xer-re.
Six.
Dix.

x *prononce fortement.*

Lu-xe.
A-xe.
A-le-xan-dre.
Xé-no-phon.
Pa-ra-do-xe.

oi *prononcé comme* ai.

J'ai-mois.
Il ai-moit.
J'a-vois.
Il é-toit.

Mots divers à épeler.

Ques-ti-on.
Pé-ti-ti-on.

Ra-ti-on.
For-ma-ti-on.
Por-ti-on.
Ad-ju-di-ca-ti-on.
In-di-gna-ti-on.
Zig-zag.
Zo-dia-que.
Ho-ri-zon.
Il-lu-si-on.
Plu-si-eurs.
Mon-si-eur.
Fai-seur.
E-pais-seur.
Ruis-seau.
Sceau.
Sci-en-ce.
Sa-vant.
Scel-ler.
Es-car-pin.
Es-ca-mo-ter.
Es-ca-lier.
Es-cro-quer.

Es-cri-me.
Es-comp-ter.
Es-cla-va-ge.
Es-toc.
Es-to-mac.
Ka-rat.
Ki-os-que.
Ki-lo-mè-tre.
Ki-lo-gram-me.
Qua-dril-le.
Qua-dru-pè-de.
Quai.
Qua-li-té.
Quoi.
Tho-mas.
Py-tho-nis-se.
Thoi-ras.
Vril-le.
Zist et zest.
Zé-phyr.
Zi-za-nie.
Fil.

Pro-fil.
Fils.
Proie.
Troie.

Phrases à épeler.

A-do-rez Dieu.

Ho-no-rez vos pa-rents.

Res-pec-tez les vieil-lards.

Ai-mez vo-tre pro-chain.

Ne fai-tes de mal à per-son-ne.

Les en-fants bien sa-ges sont tou-jours ai-més.

Dé-pê-chez-vous d'ap-pren-dre à li-re.

Les i-gno-rants par leur fau-te sont tou-jours mé-pri-sés.

La ter-re nour-rit u-ne mul-ti-tu-de d'a-ni-maux de tou-te sor-te.

L'é-lé-phant est la plus gran-de bê-te à qua-tre pieds, et la sou-ris u-ne des plus pe-ti-tes.

Les pois-sons na-gent et vi-vent au sein des eaux.

Les oi-seaux vo-lent dans les airs, s'a-bat-tent sur les ar-bres ou sur la ter-re.

Ils font de jo-lis nids dans les-quels ils pon-dent des œufs.

De ces œufs sor-tent des pe-tits oi-seaux qui, d'a-bord, n'ont point de plu-mes; qui, en-sui-te, en ont de pe-ti-tes, et fi-nis-sent par s'en-vo-ler com-me leur pè-re et leur mè-re.

Phrases dont les mots ne sont point séparés.

Est-il rien de plus agréable que d'entendre au milieu d'un bocage une multitude d'oiseaux chanter chacun de leur côté, et former par leurs ramages différents un concert général qui semble s'élever vers le ciel pour remercier Dieu des beaux jours du printemps ?

Enfants, prenez plaisir à voir l'oiseau bâtir son nid, à l'entendre chanter près de sa compagne ; mais n'arrachez jamais ce nid, et ne tuez point cet aimable chanteur.

L'enfant qui aime à faire souffrir les animaux a un mauvais cœur, et fera souffrir les hommes dès qu'il le pourra.

Voyez-vous ce joli papillon jaune, gris, rouge et bleu ? il voltige par les airs, il s'abat sur les fleurs : eh bien, ce joli papillon étoit, il y a quelques jours, une laide chenille qui rampoit sur les arbres, rongeoit les feuilles, et que chacun s'empressoit d'écraser, comme une bête vilaine et malfaisante.

Je ne suis jamais si content que lorsque j'ai bien lu ma leçon.

Il me semble alors que je suis plus aimé de mon papa, de maman, de tout le monde.

Je joue de meilleur cœur, et j'ai beaucoup plus de plaisir que les autres jours.

Quand je remplis mal mes devoirs, on me gronde; je pleure ou je boude, et garde long-temps ma mauvaise humeur.

Je crois alors que tout le monde me voit de mauvais œil.

Je n'ose presque pas jouer; je crains qu'on ne me reproche des plaisirs que je n'ai point mérités par mon travail et la satisfaction que j'aurois pu donner à mes maîtres.

L'ENFANT.

Maman, je voudrois bien avoir ce joli oiseau qui se tient sous ce feuillage.

LA MÈRE.

Qu'en feriez-vous, mon ami?

L'ENFANT.

Je jouerois avec.

LA MÈRE.

Et ensuite?

L'ENFANT.

Je le mettrois dans une cage, où il ne manqueroit jamais ni d'eau ni de grain.

LA MÈRE.

Pensez-vous que cette manière de vivre le rendroit fort heureux? N'est-il pas beaucoup plus satisfait de voltiger sur ces arbres, que d'être renfermé dans une cage?

L'ENFANT.

Certainement; mais qu'est-ce que cela fait?

LA MÈRE.

Comment! qu'est-ce que cela fait? Seriez-vous bien charmé qu'on vous mît dans une prison?

L'ENFANT.

Oh! mon Dieu, que dis-tu là? en prison!

LA MÈRE.

L'oiseau y seroit.

L'ENFANT.

Mais ce n'est qu'un oiseau.

LA MÈRE.

Oui, mais il peut souffrir tout comme vous : ainsi il faut le ménager comme on vous ménage.

Mon fils, dès que vous saurez que vos plaisirs doivent faire souffrir quelque créature, il faudra sur-le-champ y renoncer.

LE PETIT OISEAU IMPRUDENT,

Fable.

Un jeune oiseau, sorti depuis peu de son nid, se croyoit déjà capable de se conduire lui-même, et ne vouloit plus écouter les leçons de sa mère.

Un jour, en s'égayant dans les branches d'un buisson, il aperçut de petites baguettes qui paroissoient bien propres, et se trouvoient précisément à portée des fruits qui convenoient à sa nourriture.

Voyez donc, ma mère, s'écria-t-il dans son langage, les jolies branches pour se reposer! comme on doit bien se trouver là pour déjeuner et pour dîner! Allons nous y percher.

Que dis-tu là, mon fils? répondit la mère; ne vois-tu pas que ce sont des piéges tendus pour prendre les oiseaux imprudents?

Bon! répliqua l'oiseau, voilà de vos contes. A vous entendre, nous serions entourés de piéges, et, s'il falloit partager vos

Le petit Oiseau imprudent.

Le Paon et la Poule.

Le Chien et les deux enfans.

craintes, on n'auroit pas un moment de plaisir dans la journée.

Il n'avoit pas achevé ces mots, qu'il s'élança dans l'air, et fut se placer sur les jolies baguettes; mais à peine y fut-il, qu'elles fléchirent sous lui et tombèrent. Il voulut s'envoler : vaine tentative ! ses pieds se trouvèrent embarrassés par la glu qui entouroit ces perfides baguettes; ses ailes s'y prirent aussi, et il ne put que se débattre par terre. Il n'y resta pas long-temps; un berger, caché aux environs, accourut, ramassa l'oiseau et le mit dans son sac.

Vous voilà bien puni, petit oiseau; si vous eussiez écouté les sages remontrances de votre mère, vous voltigeriez encore avec elle sur les buissons fleuris, au beau soleil du matin.

Enfants, n'imitez point cet imprudent; écoutez la voix de vos père et mère; suivez leurs conseils, et vous prospérerez.

LE PAON ET LA POULE,

Fable.

La femelle d'un paon pondit un œuf, qu'elle fit couver par une poule. Celle-ci ne put donner ses soins au petit qui en sortit, sans lui donner en même temps son cœur : elle le vit éclore à côté de son poussin ; elle le vit courir, manger et vivre avec lui ; elle le recueillit également sous ses ailes, elle s'en crut aussi la mère.

Le petit paon, qui n'avoit pas encore ses belles plumes, aimoit sa mère nourrice plus que toute chose au monde, et le petit poulet comme son frère, comme son meilleur ami.

Nous aimeras-tu toujours de même? disoit la poule. Toujours, répondoit le petit paon. J'ai pourtant peine à croire, reprenoit la poule, que quand tu te promèneras dans un jardin magnifique et devant un palais, tu conserves encore le souvenir de cette simple chaumière et de ces lieux qui n'annoncent que la pauvreté.

Je conserverai au moins le souvenir de votre tendresse, répliquoit le paon. Et la poule, qui avoit le cœur trop bon pour penser autrement, ne put s'empêcher de le croire.

Le petit paon grandit, et fut conduit près de sa mère, qu'il admira, mais qu'il n'aima pas comme la bonne poule. Bientôt cependant il eut quelque orgueil de son origine et de son sort, qui n'étoit pas de vivre dans une vilaine basse-cour, comme son frère le poussin, mais dans des lieux enchanteurs, et où l'homme plaçoit le paon comme pour y ajouter un dernier embellissement.

Sur ces entrefaites, mère poule et son poussin vinrent le voir : le jeune paon les reçut assez bien ; mais il se tint près de sa mère, et se plut à parler du riche plumage de ses parents. Quelque temps après, les belles plumes que la nature lui destinoit aussi, parurent, s'étendirent, et le couvrirent comme d'une robe ornée d'or et de pierreries. L'orgueil éclata avec cette magnificence.

Mère poule vint encore le voir : il faisoit alors briller les feux et les diverses couleurs de sa large queue déployée, devant le maître du palais et de sa compagnie. C'étoit un moment de triomphe : aussi ne daigna-t-il pas regarder la pauvre poule, dont il ne se souvenoit déjà plus guère.

Bientôt elle s'approcha davantage, croyant n'avoir pas été aperçue ; mais il se tourna d'un autre côté, et s'éloigna.

Le jeune poulet, qui accompagnoit sa mère, vit bien alors qu'on les méprisoit ; il en fit des reproches au paon. Celui-ci, qui avoit tort, se fâcha, prétendit qu'on l'insultoit, et en prit occasion de chasser à coups de bec la poule et le poulet.

Ingrat ! dit la poule en fuyant, tu peux maintenant te passer de nos soins, et tu ne te souviens plus des peines et de la tendresse que j'ai eues pour toi. Si j'eusse brisé l'œuf d'où tu es sorti, j'aurois diminué le nombre des méchants, et rendu service aux malheureux que tu feras.

Le maître de la maison, qui fut témoin de l'ingratitude du jeune paon, en prit une fort mauvaise opinion. Ce paon querelleur, dit-il, mettra le désordre dans nos jardins ; qu'on l'envoie à la basse-cour.

L'ordre fut aussitôt exécuté. Là, l'orgueilleux fit une assez triste figure : il voulut d'abord mépriser ses nouveaux compagnons; mais les poules le chassèrent dans un coin; les coqs le maltraitèrent, et il n'y eut pas jusqu'à un gourmand de dindon, qui, s'imaginant qu'il alloit rogner sa portion, ne lui cherchât dispute à chaque instant du jour.

Les ingrats réussissent rarement, et sont toujours détestés.

LE CHIEN ET LES DEUX ENFANS,

Fable.

Un chien, bon et fidèle gardien de la maison de son maître, se prêtoit volontiers aux jeux de deux enfants. Ceux-ci tantôt montoient sur son dos, tantôt l'atteloient à leur voiture; Dragon souffroit tout, et prenoit encore plaisir à lécher les mains des deux marmots, qu'il eût jetés par terre d'un seul coup de patte, s'il en eût eu envie.

L'aîné des enfants, sensible et reconnoissant, caressoit le pauvre Dragon, et lui donnoit quelquefois un peu de son pain : le plus jeune, au contraire, vouloit le faire aller à ses caprices, et lui tiroit encore les oreilles par-dessus le marché.

Comment! se disoit Dragon, ce petit méchant croit-il, parce que je suis bon, que je doive souffrir jusqu'à ses injustices! Il se mit en colère, montra les dents, et fut même jusqu'à mordre, mais légèrement, la main qui l'avoit battu.

L'enfant poussa des cris épouvantables, mit l'alarme dans le logis, et demanda la mort du chien.

Et pourquoi? demanda le père, que tout ce bruit avoit attiré.

Dragon m'a mordu, crioit l'enfant de toutes ses forces.

C'est que vous l'avez frappé, répliqua le père.

Eh quoi! reprit l'enfant, n'avois-je pas raison? mon frère venoit de monter sur son dos, et il n'a pas voulu m'y laisser monter à mon tour.

Votre frère l'a flatté, lui a donné à manger; et vous, vous lui avez tiré les oreilles, et ne lui avez pas seulement donné une bouchée de votre déjeuner. Quand vous lui faites du mal, vous doit-il des caresses ? et quand vous lui refusez tout, est-il tenu d'avoir des complaisances pour vous? Le chien a donc raison ; et vous, vous êtes injuste. Ainsi, taisez-vous, ou c'est vous qui serez puni.

Soyez bon, et vous mériterez qu'on vous aime ; soyez obligeant, et l'on se plaira à vous obliger.

HISTOIRE NATURELLE DES PRINCIPAUX OISEAUX.

LE COQ ET LA POULE.

Le coq et la poule sont trop connus pour en donner une description. Qu'est-ce qui n'a pas vu le coq, fier de sa belle crête rouge et de sa queue à longues plumes retombantes? Son courage est égal à sa fierté : quand il rencontre un rival, il lui présente aussitôt le combat, et ne le cesse que lorsqu'il a vaincu, ou que ses forces sont épuisées.

La poule est moins belle et plus petite que le coq; ses plumes n'ont pas le même brillant; elle manque aussi de crête et des longues plumes arqués de la queue; elle a moins de courage, et ne montre aucune fierté. L'un et l'autre sont des oiseaux

1 le Coq. 2. la Poule. 3 le Dindon.

pesants, qui ont des ailes, et ne peuvent voler.

La fécondité ordinaire des poules consiste à pondre presque tous les jours. Quand une poule a pondu le nombre d'œufs qu'elle doit donner, et qui est de vingt-cinq à trente, il lui prend un désir singulier de couver : elle l'exprime par un gloussement continuel ; elle cherche des œufs, se pose sur les premiers qu'elle rencontre, sans s'embarrasser s'ils sont d'elle ou d'une autre ; elle les échauffe avec soin, les retourne doucement, pour qu'ils reçoivent également la chaleur, ne se résout qu'avec peine à les quitter pour prendre quelque nourriture à la hâte, retourne aussitôt dessus, et attend avec une impatience maternelle la venue du premier petit qu'elle pourra aimer et surveiller.

Autant elle est restée tranquille pendant qu'elle couvoit, autant elle s'agite au milieu et autour de ses petits : elle ne voit qu'eux, ne s'occupe que d'eux, ne mange que lorsque le besoin la presse, et que toute sa famille est rassasiée. Un léger danger menace-t-il cette jeune couvée, elle s'alarme, s'agite, fait fuir ses poussins en lieu sûr, ou les rassemble sous ses ailes, ou prend enfin une assurance et un courage qui ne lui sont point ordinaires dans tout autre temps; elle combat alors avec encore plus d'ardeur que le coq: elle ose même s'élancer sur l'homme. Sa voix est aussi expressive que ses soins sont assidus : on devine qu'elle loue, qu'elle blâme, qu'elle caresse, qu'elle gronde. Toute sa journée est employée à procurer de la nourriture à ses petits : elle gratte de tous côtés; ici c'est un grain qu'elle trouve et qu'elle abandonne aussitôt au premier poussin qui est près d'elle ; là c'est un ver qu'elle tire de la terre. Tout convient à cette espèce; grains, pain, herbages, légumes, chair crue ou cuite; elle se nourrit de tout.

LE DINDON.

RIEN ne paroît plus sot qu'un dindon; aussi le regarde-t-on comme le symbole de la sottise; on dit en proverbe : *Il est bête comme un dindon.* C'est le plus gros oiseau de nos basses-cours. Il ne nous est à peu près utile qu'à la manière du cochon, parce que sa chair est délicieuse; c'est en mourant qu'il paye des soins qu'on a pris de lui. Sa tête est petite à proportion du corps, et est recouverte, ainsi qu'une partie du cou, d'une peau bleuâtre chargée de mamelons plus ou moins rouges. De la base supérieure du bec retombe un morceau de la même substance, de forme cylindrique, et long d'un pouce dans son état naturel, mais d'une longueur double quand l'animal est excité par quelque sentiment violent. Le mâle est plus gros que la femelle, et se distingue par un bouquet de crins durs et noirs, qui sort de la partie inférieure du cou. Quand il est irrité ou qu'il fait la cour à sa femelle, sa physionomie, ordinairement humble, prend de la fierté; son cou se gonfle d'un sang extrêmement vif; une partie de ses plumes se hérissent, et la queue se relève en éventail, tandis que les ailes s'abaissent en se déployant, jusqu'à traîner par terre.

La femelle n'a aucune de ses manières. Elle pond ordinairement une quinzaine d'œufs, et couve avec tant d'ardeur, qu'elle mourroit d'inanition sur sa couvée, si l'on n'avoit le soin de la faire lever pour lui donner à boire et à manger. Les petits dindonneaux cassent la coquille, comme les poulets, et marchent aussitôt qu'ils en sortent; mais ils sont beaucoup plus difficiles à élever.

LE CYGNE.

Les grâces de la figure, la beauté de la forme, répondent, dans le cygne, à la douceur du naturel : il plaît à tous les yeux; il décore, embellit tous les lieux qu'il fréquente; on l'aime, on l'applaudit, on l'admire; nulle espèce ne le mérite mieux. La nature, en effet, n'a répandu sur aucune autant de ces grâces nobles et douces qui nous rappellent l'idée de ses plus charmants ouvrages: coupe de corps élégante, formes arrondies, gracieux contours, blancheur éclatante et pure, mouvements flexibles, attitudes tantôt animées, tantôt laissées dans un mol abandon; tout dans le cygne respire la volupté et l'enchantement que nous font éprouver les grâces et la beauté. A sa noble aisance, à la facilité, à la liberté

1 le Cigne. 2. le Pigeon. 3 la Tourterelle

de ses mouvements sur l'eau, on doit le reconnoître comme le premier des navigateurs ailés.

Fier de sa noblesse, jaloux de sa beauté, cet oiseau semble faire parade de tous ses avantages: il a l'air de chercher à recueillir des suffrages, à captiver les regards, et il les captive en effet, soit que, voguant en troupe, on voie de loin, au milieu des grandes eaux, cingler la flotte ailée, soit que, s'en détachant et s'approchant du rivage aux signaux qui l'appellent, il vienne se faire admirer de plus près, en étalant ses beautés et développant ses grâces par mille mouvements doux, ondulants et suaves.

Les cygnes vivent en société, soit que sauvages ils volent au plus haut des airs, soit qu'apprivoisés ils nagent sur nos rivières et nos étangs.

LE PIGEON.

Il y a différentes espèces de pigeons. Les sauvages, qui viennent de l'Afrique, par troupes, dans les parties septentrionales de la France; les colombins, ou pigeons de colombier, moitié libres et moitié domestiques; et ceux de volière, ou que nous élevons sous nos yeux. Ces trois espèces principales se subdivisent en une quantité de variétés, mais toutes ont des qualités qui leur sont communes: l'amour de la société, l'attachement à leurs semblables, la douceur des mœurs, la fidélité réciproque, et l'amour sans partage du mâle et de la femelle. Dans un ménage, tous les soins sont partagés également; le mâle couve régulièrement à son tour et les œufs et les petits, pour permettre à sa compagne de prendre quelque repos et de la nourriture. La tendresse de ces aimables oiseaux est si grande pour le fruit de leurs amours, qu'on cite une femelle dont les pattes gelèrent et tombèrent, et qui, malgré cette souffrance et cette perte de membres, continua sa couvée jusqu'à ce que ses petits fussent éclos. Tandis que sa compagne couve, le mâle se tient assez ordinairement sur le panier voisin.

LA TOURTERELLE.

Voila le modèle de la tendresse et de la fidélité. Une fois que le mâle s'est choisi une compagne, il ne la quitte plus : c'est un doux lien que la nature forme, qu'elle resserre, et qu'elle seule a coutume de briser.

Ces oiseaux recherchent les bois les plus sombres et les plus frais : c'est ordinairement sur un grand arbre, sur un vieux chêne qu'ils s'établissent. La femelle pond deux œufs; tant qu'elle couve, le mâle reste auprès d'elle, et partage, comme le pigeon, les soins maternels : il préside aussi à l'éducation des petits, et semble ne plus vivre, lorsqu'ils sont nés, que pour veiller à leurs besoins.

Le chant de la tourterelle est un gémissement à peu près semblable au roucoulement de la colombe, mais plus fort. Quand on l'entend au fond des forêts, accompagné par le ramage varié d'une multitude d'autres oiseaux, on le prendroit pour un tendre gémissement, et il entraîne doucement à la mélancolie.

LE PAON.

Il n'est point d'oiseau sur qui la nature ait versé ses trésors avec plus de profusion : la taille grande, le port imposant, la démarche fière, la figure noble, les proportions du corps élégantes et sveltes, tout ce qui annonce un être de distinction lui a été donné : une aigrette mobile et légère, peinte des plus riches couleurs, orne sa tête, et l'élève sans la charger ; son incomparable plumage semble réunir tout ce qui flatte nos yeux dans le coloris tendre et frais des plus belles fleurs, tout ce qui éblouit dans les reflets pétillants des pierreries, tout ce qui les étonne dans l'éclat majestueux de l'arc-en-ciel. Non-seulement la nature a réuni sur le plumage du paon toutes les couleurs du ciel et de la terre pour en faire le chef-d'œuvre de sa magnificence ; elle les a encore mêlées, assorties, nuancées, fondues de son inimitable pinceau, et en a fait un tableau unique, où elles tirent de leur mélange avec des nuances plus sombres, et de leurs oppositions entre elles, un nouveau lustre ;

1. le Paon. 2. la Perdrix. 3. l'Alouette.

et des effets de lumière si sublimes, que notre art ne peut ni les imiter ni les décrire.

Tel paroît à nos yeux le plumage du paon, lorsqu'il se promène paisible et seul dans un beau jour de printemps: mais si sa femelle vient tout-à-coup à paroître, alors ses beautés se multiplient, ses yeux s'animent, son aigrette s'agite, les longues plumes de sa queue déploient, en se relevant, leurs richesses éblouissantes; sa tête et son cou se renversent noblement en arrière, se dessinent avec grâce sur ce fond radieux où la lumière du soleil se rejoue en mille manières, se perd et se reproduit sans cesse, et semble prendre un nouvel éclat plus doux et plus moelleux, de nouvelles couleurs plus variées et plus harmonieuses. Chaque mouvement de l'oiseau produit des milliers de nuances nouvelles, des gerbes de reflets ondoyants et fugitifs, sans cesse remplacés par d'autres reflets, et d'autres nuances toujours diverses et toujours admirables.

Toutes ces richesses du plumage, suivant une loi générale pour les oiseaux, ne se déploient entièrement que dans le mâle ; la femelle est moins bien partagée.

Ce bel oiseau est originaire des Indes-Orientales ; c'est dans ces climats seulement qu'il vit dans toute la liberté de la nature ; partout ailleurs il a besoin des soins de l'homme. La femelle ne fait par an qu'une ponte de dix à douze œufs.

LA PERDRIX.

LA perdrix se plaît dans les blés, les prairies et les vignes. Elle pond un grand nombre d'œufs, et fait quelquefois des couvées de seize à dix-huit. Son nid est une petite fosse presque à fleur de terre ; souvent le pas d'un bœuf ou d'un cheval, où se trouvent quelques brins de paille ou d'herbe sèche, mis au hasard ; il ne lui faut pas plus de façon pour sa demeure. A peine les petits sont-ils éclos, qu'ils courent après la mère ; elle leur apprend à chercher leur vie, et les rassemble sous ses ailes pour se reposer, comme une poule fait à ses poussins. Tout foibles qu'ils sont alors, et quoique incapables de voler, ils sont déjà si rusés, qu'il est comme impossible de les trouver : ils se laisseroient plutôt écraser sous les pas de l'oiseleur, que de remuer. La tendresse maternelle inspire à la mère d'autres ruses pour éloigner le danger de sa chère couvée : quand quelqu'un s'approche de son nid, elle le quitte, et s'en éloigne en boitant, pour engager adroitement le chasseur à la suivre; et, après l'avoir écarté assez loin, elle se sauve rapidement. Quand tout est tranquille, elle rappelle ses petits, qui s'assemblent aussitôt à son cri.

L'ALOUETTE.

Ce petit oiseau ajoute un charme singulier à nos champs : il chante dès les premiers jours du printemps, et continue pendant toute la belle saison. Contre l'ordinaire des autres oiseaux, c'est surtout en volant qu'il fait entendre son chant joyeux : plus il s'élève, plus il force sa voix : souvent même on ne l'aperçoit plus dans les airs, et on l'entend encore très-distinctement; ce chant change de ton, et devient plus rapide lorsque l'alouette descend; quelquefois elle se précipite si verticalement et avec tant de rapidité, que l'on croiroit que c'est une pierre qui tombe. Elle n'est jamais que dans les airs ou sur terre, car elle ne perche point: la conformation de ses pieds ne le lui permet pas. La femelle fait son nid, composé d'herbes sèches, entre deux mottes de terre, où il est assez difficile de le remarquer. Elle y pond ordinairement quatre œufs, qu'elle couve pendant quinze jours.

LE MERLE.

Le merle est recherché pour son chant agréable. Ce chant commence avec les premières chaleurs du printemps, ou plutôt vers la fin de l'hiver, et annonce les amours de ces oiseaux ; et, comme ils font plusieurs pontes, il se fait entendre encore bien avant dans la belle saison, et quand la plupart des autres oiseaux n'ont plus de voix.

Le merle place son nid dans un buisson ou sur un arbuste. Ce nid, composé en dehors de mousse et de limon délayé, et en dedans de brins d'herbes et de petites racines, reçoit ordinairement quatre ou cinq

1. le Merle. 2. l'Autour.

œufs. On apprivoise très-facilement les petits, auxquels on donne à manger de la chair cuite ou hachée, du pain, du chenevis écrasé, etc. Ces oiseaux imitent plusieurs autres chants, prononcent distinctement plusieurs mots de suite, et sifflent des airs entiers.

L'AUTOUR.

L'AUTOUR est un oiseau de proie très-féroce, qui habite les montagnes et les grandes forêts, où il épie sans cesse les oiseaux et les autres petits animaux pour en faire sa pâture. Le mâle, dans cette espèce, est d'un tiers plus petit que la femelle, mais en même temps beaucoup plus méchant. Le naturel de ces vilains oiseaux est si sanguinaire, que, quand on laisse un autour en liberté avec plusieurs faucons, il les égorge tous les uns après les autres. On dresse l'autour avec succès pour la chasse. Son cri est fort rauque, et finit toujours par des sons aigus, d'autant plus désagréables qu'il les répète souvent.

L'AIGLE.

L'Aigle, par sa force, son courage et sa contenance fière, a mérité le titre de *roi des oiseaux*. C'est dans les hautes montagnes qu'il a établi son séjour, et qu'il règne sans crainte et sans partage sur tous les autres oiseaux qui l'environnent. Dans la grande espèce d'aigles, la femelle a jusqu'à trois pieds et demi de longueur depuis le bout du bec jusqu'à l'extrémité des pieds, et plus de huit pieds et demi du bout d'une aile au bout de l'autre; elle pèse seize à dix-huit livres; le mâle est plus petit, et ne pèse guère que douze livres. Tous deux ont le bec très-fort et assez semblable à de la corne bleuâtre, les ongles noirs et pointus, dont le plus grand, qui est celui de derrière, a quelquefois jusqu'à cinq pouces de longueur. Ses yeux sont grands et pleins de feu. C'est de tous les oiseaux celui qui s'élève le plus haut, et celui dont la vue est plus perçante. Il emporte les oies, les grues, les lièvres, et même les petits agneaux et les chevreaux; et lorsqu'il attaque les faons et les veaux,

1. l'Aigle. 2. le Hibou.

c'est pour se rassasier sur-le-champ de leur sang et de leur chair, et en emporter ensuite des lambeaux.

C'est dans un lieu sec et inaccessible, entre deux rochers, qu'il place son *aire*; c'est ainsi qu'on appelle son nid, qui est tout plat, et non pas creux comme ceux de la plupart des oiseaux : il le construit à peu près comme un plancher, avec de petites perches ou bâtons de cinq à six pieds de longueur, appuyés par les deux bouts, et traversés par des branches souples et recouvertes de plusieurs lits de joncs et de bruyères ; ce plancher est large de plusieurs pieds, et assez ferme, non-seulement pour soutenir l'aigle et sa famille, mais encore le poids d'une grande quantité de vivres. Il n'est point couvert par le haut, et n'est abrité que par l'avancement des parties supérieures du rocher. Il y a bien de la différence de ce nid à celui du chardonneret ou de la fauvette. C'est au milieu de cette aire que la femelle pond deux ou trois œufs, et parvient à élever un ou deux petits. On prétend même que dès qu'ils deviennent un peu grands, la mère tue le plus foible ou le plus vorace. La disette seule peut produire ce sentiment dénaturé; les pères et mères, n'ayant pas assez pour eux-mêmes, cherchent à réduire leur famille; et dès que les petits sont assez forts pour voler et se pourvoir d'eux-mêmes, ils les chassent au loin, sans leur permettre de jamais revenir.

LE HIBOU.

Le hibou n'est pas le plus beau des oiseaux: sa grosse tête et ses grands yeux fixes lui donnent quelque ressemblance avec le chat; quand il se trouve au grand jour, il fait des gestes ridicules et bouffons, en présence des hommes et des autres oiseaux: il lève, baisse et tourne la tête, fait craquer son bec, et se met tantôt sur un pied, tantôt sur l'autre, sans doute parce que la lumière l'importune; car ce vilain oiseau est du nombre de ceux qui ne voient parfaitement que dans les ténèbres de la nuit. Il fait la chasse aux souris, aux mulots, aux chauves-souris, aux lézards, aux crapauds, aux grenouilles, et son nid est infecté des débris de tous ces animaux.

l' Autruche

L'AUTRUCHE.

VOULEZ-VOUS connoître le plus gros des oiseaux? regardez l'autruche. Sa tête s'élève quelquefois aussi haut que celle d'un homme qui est à cheval, et sa pesanteur peut aller jusqu'à quatre-vingts livres; mais elle ne vole pas, et n'a pas même d'ailes propres à l'élever de terre, comme en a la poule. En revanche, elle court avec une rapidité extraordinaire, et peut fatiguer en un jour plusieurs cavaliers. Elle a tant de force dans le pied, que d'un seul coup elle jette un homme par terre. Son cou est fort long et menu; sa tête est aussi très-petite pour la grosseur du corps. On sait assez combien ses plumes sont belles: les dames les emploient à en parer leurs coiffures. Les plus longues et les plus recherchées se trouvent aux ailes et à la queue.

L'autruche est un oiseau que l'on ne trouve guère que dans les plaines sablonneuses de l'Afrique. Elle habite de préférence les lieux les plus solitaires et les plus arides, où il ne pleut presque jamais. Elle aime à vivre en société, mais le plus loin qu'elle peut des hommes. On en rencontre des troupes nombreuses au milieu des déserts, et de loin on les prendroit pour des escadrons de cavalerie.

L'insatiabilité de l'autruche est connue; elle consomme une grande quantité de nourriture; et sa voracité est telle, qu'elle avale presque tout ce qui se trouve sous son bec, du bois, des cailloux, du fer, du cuivre, etc.

Elle est aussi très-féconde, et fait par an plusieurs pontes de douze à quinze œufs chacune. Comme elle ne couve point ses œufs, ainsi que font tous les autres oiseaux, on l'a regardée comme le symbole des mauvaises mères : ne l'accusons point cependant; si elle ne couve pas ses œufs, c'est que cela est inutile sous le climat brûlant qu'elle habite. Elle se contente de déposer ses œufs sur un amas de sable qu'elle a formé grossièrement avec ses pattes, et la chaleur seule du soleil les fait éclore; seulement elle les tient chauds quelquefois pendant la nuit; et cela n'est pas toujours nécessaire, puisqu'on a vu éclore des œufs qui n'avoient point été

1 le Corbeau. 2 la Pie. 3 le Geai.

couvés du tout par la mère, ni même exposés aux rayons du soleil.

Ces œufs sont en proportion de l'oiseau, c'est-à-dire très-gros; un seul peut peser autant que quinze à seize œufs de poule, et suffit au repas de sept à huit personnes. On fait, avec la coque, qui est épaisse, des espèces de coupes qui durcissent avec le temps, et ressemblent en quelque sorte à l'ivoire.

LE CORBEAU.

On regarde le corbeau comme le dernier des oiseaux de proie, et comme l'un des plus lâches et des plus dégoûtans. Les voiries, les charognes pourries forment le fond de sa nourriture : s'il s'assouvit de chair vivante, c'est de celle des animaux foibles ou utiles, comme les agneaux, les levrauts, etc. On prétend même qu'il attaque quelquefois les grands animaux avec avantage, et que, suppléant à la force qui lui manque par la ruse et l'agilité, il se crampone sur le dos des buffles, les ronge tout vifs en détail, après leur avoir crevé les yeux; et ce qui rendroit cette férocité plus odieuse, c'est qu'elle seroit en lui l'effet, non de la nécessité, mais d'un appétit de préférence pour la chair et le sang, d'autant plus qu'il peut vivre de tous les fruits, de toutes les graines, de tous les insectes, et même des poissons morts.

Si à sa voracité dégoûtante on ajoute son plumage lugubre, son cri plus lugubre encore, quoique très-foible à proportion de sa grosseur, son port ignoble, son regard farouche, tout son corps exhalant l'infection, on ne sera pas surpris que dans presque tous les temps il ait été regardé comme un objet de dégoût et d'horreur.

Cet oiseau connoît la constance en amour; le mâle et la femelle demeurent plusieurs années ensemble; c'est dans les rochers, dans les trous des vieilles tours, quelquefois sur de grands arbres isolés, qu'ils font leurs nids. Ils pourvoient largement à leurs besoins; car les gens de la campagne trouvent quelquefois, dans leurs nids et aux environs, des amas assez considérables de grains, de noix et de fruits. Ces oiseaux ont l'habitude singulière de ramasser et de cacher ce qu'ils trouvent et peuvent emporter ; ils paroissent même préférer les pièces de métal et tout ce qui brille aux yeux. On a vu un corbeau, à Erfort, qui eut la patience de porter, une à une, et de cacher sous une pierre une quantité de petites pièces de monnoie, jusqu'à la somme de cinq à six florins.

Les corbeaux vivent, dit-on, jusqu'à cent ans.

LA PIE.

Qui n'a pas vu sautiller Margot la pie, au corsage noir et blanc ? qui n'a pas entendu son cri désagréable et souvent répété? C'est la babillarde la plus déterminée. Elle parle facilement quand on a pris la peine de lui apprendre à contrefaire la voix humaine ; elle crie alors: *A déjeuner! à la cave!* dit *bonjour*, *bonsoir*, et envoie les enfants *à l'école*. Elle ose même dire qu'il faut les corriger quand ils ne sont pas sages.

Quand on l'a élevée toute jeune, elle se rend bientôt la maîtresse dans la maison où on l'a reçue ; avec son bec long et pointu

elle met en fuite le chat, le chien, et même les petits polissons qui voudroient lui tirer la queue; elle ne craint personne; elle semble, au contraire, par son caquet continuel, se moquer de tous ses ennemis.

On la nourrit facilement; tout lui convient. Dans les bois, elle mange quelquefois les petits oiseaux et leurs œufs, surtout ceux du merle, dont le nid est assez aisé à découvrir; elle mange aussi les lapereaux, les levrauts, les petits poulets. Quand elle est bien repue, elle cache adroitement, pour les besoins à venir, le reste de ses alimens, et n'oublie pas de revenir les prendre.

Elle est voleuse; on doit se méfier d'elle, et dans le cas où quelques objets auroient disparu, il faut, avant d'accuser quelqu'un, s'assurer si Margot n'est pas l'auteur du vol. On rapporte à ce sujet plusieurs histoires qui constatent le caractère de la pie. On connoît surtout la triste aventure d'une servante qui fut condamnée à mort et exécutée, parce que plusieurs couverts d'argent avoient été enlevés. Quelque temps après la mort de cette infortunée, on trouva les couverts dans une gouttière, et l'on fut convaincu que c'étoit une pie qui les avoit amassés en cet endroit.

La pie fait son nid avec des épines sur les grands arbres; l'intérieur en est garni de terre et de quelques brins d'herbe; elle ne laisse qu'un passage fort étroit pour y passer.

LE GEAI.

Le geai parle aussi bien que la pie, et dérobe avec autant d'adresse; mais il est d'un plumage beaucoup plus agréable; il a surtout aux ailes de petites plumes nuancées de bleu et de blanc, qui font un fort joli effet. Il niche dans les bois, loin des lieux habités, préférant les chênes les plus touffus aux autres arbres. Il n'est pas aussi habile que la pie à construire son nid : il se contente de le faire avec de petites racines, sans le couvrir par-dessus, ni sans rien mettre de doux dans l'intérieur. Dans l'état de domesticité, il s'accoutume à toute sorte de nourriture; il vit huit à dix ans : dans l'état sauvage, il se nourrit de glands, de noisettes, de chataignes, de pois, de fèves, de groseilles, de cerises, de framboises, etc. Il dévore aussi les petits des autres oiseaux, et quelquefois les pères avec, quand il peut les surprendre.

LA HUPPE.

La *huppe*, ou *putput*, car cet oiseau porte ces deux noms, est à peu près de la taille du merle. Ce qui le distingue d'une manière fort agréable, c'est une huppe ou aigrette de plume qu'il a sur la tête, en forme de crête : elle est composée d'un double rang de plumes hautes de deux pouces, de couleur rousse, et terminées par un bord noir. Cette crête s'ouvre en éventail, et se ferme à la volonté de l'oiseau.

La huppe recherche les climats chauds pendant l'hiver : sa nourriture la force à fuir les froids rigoureux ; il lui faut des vers, de petits insectes, des mouches et de jeunes boutons d'arbres. Elle se niche ordinairement dans un creux d'arbre ou dans un vieux nid de pie, de torcol ou de mésange : elle pond depuis deux jusqu'à cinq œufs cendrés. Les petits sont fort sales, et

1 la Huppe. 2 le Perroquet. 3 le Chardonneret.

gâtent leurs nids avec leurs excrémens; qu'ils ne se donnent pas la peine de jeter dehors, comme font les autres oiseaux.

LE PERROQUET.

On compte plus de cent espèces de perroquets, répandues dans les pays les plus chauds de l'ancien et du nouveau monde. Il y en a de toute couleur et de toute grosseur; mais généralement ils sont revêtus de belles plumes, et ont la plus grande facilité à contrefaire la voix humaine et les cris des animaux. Ils s'apprivoisent aisément, reconnoissent très-bien les personnes qui prennent soin d'eux; mais ils ne font point de petits dans nos climats. Tous vivent très-long-temps, même dans l'état de domesticité. La nature leur a donné des becs très-forts, parce qu'ils en ont besoin pour casser les écorces des fruits durs; ce bec leur sert encore comme de troisième jambe pour marcher ou pour se pendre aux branches des arbres et y monter. Ils tiennent leur manger avec une patte élevée en l'air, qu'ils portent à leur bec, comme font tous les oiseaux de proie.

LE CHARDONNERET.

Vous avez vu de ces jolis petits oiseaux dont la tête est marquée de noir, de rouge et de jaune, et qui volent communément sur les chardons et les épines? ce sont des chardonnerets. Ils font leur nid dans les buissons et sur les arbrisseaux. Ce nid, très-ingénieusement construit, est composé de mousse, de laine, et garni en dedans de toute sorte de poils. Ces oiseaux font, par an, trois couvées de quatre à six œufs chacune; on prétend que la dernière est la meilleure. Outre l'agréable parure qu'ils ont reçue de la nature, ils possèdent encore un ramage charmant qui anime au printemps les jardins et les bosquets; ce ramage ressemble assez à celui du serin. Le chardonneret s'apprivoise facilement, et s'accoutume à la captivité d'une cage, pour peu qu'on l'enlève jeune de son nid. On le nourrit avec du millet, de la navette et d'autres graines.

1. la Linotte. 2 le Moineau 3. le Serin. 4 le Coucou.

LA LINOTTE.

C'EST encore un joli oiseau que la linotte, bien moins joli cependant que le chardonneret : ses couleurs sont le brun et le cendré. Son ramage est aussi fort agréable, et fait qu'on cherche communément à l'élever en cage.

Quand vous voudrez trouver son nid, cherchez dans les buissons d'épines noires, dans les buis, les myrtes, les lauriers, le genêt et les ronces. La ponte est ordinairement de trois, quatre ou cinq œufs.

LE MOINEAU.

NOUS voici arrivés à l'oiseau que nous voyons le plus communément ; c'est le moineau, qui sans cesse voltige autour de nos habitations. Vif, sémillant, assez familier, ou plutôt hardi, il s'apprivoise facilement, et dédommage, par ses gentillesses, du désagrément de son chant, qu'il fait entendre dans toutes les saisons. Ce chant, ou plutôt ce cri, exprime toutes les passions de l'oiseau : on reconnoît l'accent de l'amour; celui de la crainte, lorsqu'il avertit ses petits de se taire quand il voit quelqu'un ; celui de la joie, quand il vole avec une troupe d'autres oiseaux ; celui de la douleur, celui même de la colère, quand il dispute pour emporter ou conserver quelque chose. Il est généreux néanmoins, et quand il découvre quelques victuailles, il appelle aussitôt ses camarades : à la vérité il a soin de prendre le premier sa part. Ses besoins sont grands ; il mange avidement et digère vite : c'est cette nécessité de manger beaucoup qui lui donne cette hardiesse qui le fait venir jusque sur le seuil de vos portes, et quelquefois dans les maisons mêmes. Il se moque des épouvantails qu'on met dans les champs et les jardins ; il fait plus de dégât encore qu'il ne prend pour sa nourriture : aussi a-t-il pour ennemis mortels les jardiniers et les agriculteurs. Il mange des grains, du pain : sa voracité est telle, que s'il entre dans un nid de pigeons, d'où le père et la mère soient absents, il tue les pigeonneaux en leur crevant le jabot à coups de bec, pour en tirer le grain.

Les moineaux font par an trois couvées

de cinq à six petits. Le premier trou de muraille, d'arbre, un pot même qu'on aura attaché à un mur, leur suffit pour y faire un nid. Ils y portent une grande quantité de foin et de plumes pour l'intérieur; quelquefois ils construisent ce nid sur un orme, et n'y laissent qu'un trou sur le côté pour y entrer. Il leur arrive même de s'emparer de celui des hirondelles; ils en chassent sans pitié les propriétaires, et une fois entrés ils sont maîtres. On rapporte à ce sujet un fait assez singulier. Un moineau s'étant emparé du nid d'une hirondelle, celle-ci assembla ses compagnes pour qu'elles la défendissent contre l'usurpateur. Il se vit bientôt assailli d'une troupe de ces oiseaux, à qui il opposa son gros bec par l'ouverture du nid. Après un quart-d'heure de combat, il se croyoit vainqueur; mais il fut bien sot, lorsqu'un moment après il se vit claquemuré dans le nid, par la terre détrempée que chaque hirondelle y avoit appliquée.

LE SERIN.

Le serin est un oiseau des climats chauds : il ne vit chez nous que dans des cages ; s'il était en liberté dans nos champs, il ne résisterait pas à la rigueur de l'hiver. Le blanc et le jaune nuancent agréablement son plumage, et semblent ne former qu'une couleur d'un jaune pâle. Son chant répond parfaitement à son plumage.

Cet oiseau s'apprivoise très-bien, s'attache même à son maître, le reconnoît, lui fait fête, et le caresse en battant des ailes et en chantant. Quand on en prend soin, il vit quinze ou seize ans.

LE COUCOU.

Au commencement du printemps, quand tout renaît, et que les chants divers des oiseaux animent les plaines et les bois, on distingue au milieu de ce concert général le cri du coucou. Ce cri a donné à l'oiseau son nom. *Coucou! coucou!* tel est son chant plaintif. Ce chant n'est qu'un cri d'appel ; le mâle, qui le possède, le fait entendre pour attirer la femelle. Dans tout autre temps, ils sont séparés : et pourquoi se-roient-ils unis, puisqu'ils ne doivent point avoir de famille, et ne doivent point s'occuper des soins du ménage ? La femelle elle-même doit ignorer ce que c'est que la tendresse maternelle ; à peine sent-elle le besoin de pondre, qu'elle cherche un nid de fauvette, de bruant, d'alouette ou de ramier ; peu lui importe lequel. Elle commence souvent par manger les œufs qu'elle y trouve, et y dépose le sien. Comme elle en pond ordinairement deux, elle va placer ailleurs le second.

La femelle, chez qui on a porté cet œuf étranger, le couve, et élève le coucou avec autant de soin que si c'étoit son petit.

Le coucou disparoît aux approches de l'hiver : on pense généralement qu'il se retire dans des trous d'arbres ou autres. Sa mue est si complète, qu'il perd toutes ses plumes ; et ceux que l'on a, par hasard, rencontrés dans les trous pendant l'hiver, étoient absolument dépouillés, et paroissoient même dans un engourdissement total.

Cet oiseau est à peu près de la taille

d'un pigeon, et a le plumage d'une couleur cendrée.

LA FAUVETTE.

La fauvette est à peu près de la grosseur du moineau franc. Cet oiseau est aussi un des beaux chanteurs du bocage. Son joli ramage même est cause que l'on lui enlève souvent son nid pour élever les petits, les mettre dans une cage, et les entendre chanter près de soi. Pour réussir dans l'éducation qu'on veut leur donner, il faut prendre les petits six ou huit jours après leur naissance; on les nourrit avec une pâtée faite de chenevis écrasé, de persil haché et de mie de pain bien arrosée.

On a fait sur un nid de fauvette, trouvé par un enfant, une fort jolie chanson qu'il faut que je vous rapporte; c'est l'enfant même qui parle; il tient le nid, et le montre tout joyeux à sa mère, qui saisit ce moment pour lui faire une leçon très-sage.

1er. COUPLET.

Je le tiens, ce nid de fauvette;
Ils sont deux, trois, quatre petits!

1 la Fauvette 2 le Rossignol 3 le Roitelet.

Depuis si long-temps je vous guette,
Pauvres oiseaux ! vous voilà pris.
Criez, sifflez, petits rebelles,
Débattez-vous, oh ! c'est en vain :
Vous n'avez pas encor vos ailes,
Comment vous sauver de ma main ?

IIe.

Mais quoi ! n'entends-je pas leur mère
Qui pousse des cris douloureux ?
Oui, je le vois, oui, c'est leur père
Qui vient voltiger autour d'eux.
Et c'est moi qui cause leur peine !
Moi, qui, l'été, dans ces vallons,
Venois m'endormir sous un chêne,
Au bruit de leurs douces chansons !

IIIe.

Hélas ! si du sein de ma mère
Un méchant venoit me ravir,
Je le sens bien, dans sa misère,
Elle n'auroit plus qu'à mourir.
Et je serois assez barbare
Pour vous arracher vos enfants !
Non, non : que rien ne vous sépare !
Non, les voici, je vous les rends.

IVe.

Apprenez-leur, dans ce bocage,
A voltiger auprès de vous ;

Qu'ils écoutent votre ramage,
Pour former des sons aussi doux ;
Et moi, dans la saison prochaine,
Je reviendrai, dans ces vallons,
Dormir quelquefois sous un chêne,
Au bruit de leurs jeunes chansons.

(*Voyez la fig. du Frontispice.*)

LE ROSSIGNOL.

A ce mot de rossignol, vous avez aussitôt l'idée de l'oiseau qui charme le plus par son ramage. On en pourroit citer d'autres, dont la voix, à certains égards, le dispute à celle du rossignol ; mais il n'en est pas un seul que cet oiseau n'efface par la réunion complète de ses talents divers, et par la prodigieuse variété de ses tons.

Quand on l'entend le soir ou dans le silence de la nuit, ravi de la tendre harmonie de son gosier, on désire aussitôt connoître l'aimable chanteur qui fait une si vive impression sur nos ames ; on imagine d'avance qu'il est le plus beau comme le plus habile musicien du bocage ; mais on est bien détrompé quand on vient à le remarquer au milieu d'un buisson, caché sous quelques feuilles : ce n'est qu'un petit oiseau fort ordinaire, d'un plumage brun et gris, sans le moindre éclat. Ce doit être, en passant, une leçon pour vous, mes enfants : elle vous apprend que l'homme de mérite n'est pas toujours celui qui brille le plus dans la société, et qu'il ne faut jamais mépriser celui qui porte une mauvaise mine ou un mauvais habit.

Le rossignol commence à chanter dès les premiers jours du printemps, se ralentit beaucoup dès qu'il a des petits dont les soins l'occupent trop, et cesse tout-à-fait au milieu de l'été. Le rossignol captif chante les trois quarts de l'année. Ces oiseaux sont extrêmement susceptibles d'émulation : le chant des autres oiseaux, le son des instrumens, les accents d'une voix douce et sonore, les excitent beaucoup : ils se mettent aussitôt à l'unisson, et font tous leurs efforts pour éclipser leurs rivaux, toutes les autres voix, et même tous les autres bruits. On prétend qu'on en a vu tomber morts aux pieds de la personne qui chantoit. Un musicien italien attira une fois un de ces oiseaux assez près de lui par les sons d'une flûte : l'oiseau, voulant surpasser l'homme, fit tant d'efforts, qu'il tomba de sa branche roide mort. On en a vu un autre qui s'agitoit, gonfloit sa gorge, et faisoit entendre un gazouillement de colère, toutes les fois qu'un serin qui étoit près de lui se disposoit à chanter; et il étoit venu à bout, par ses menaces, de lui imposer silence : tant il est vrai que la supériorité n'est pas toujours exempte de jalousie !

Les rossignols font leurs nids lorsque la verdure commence à parer les arbres; ils les construisent de feuilles, de jonc, de brins d'herbe grossière en dehors, de petites racines, de crin, et d'une espèce de bourre en dedans; ils les placent à une bonne exposition, un peu tournés au levant et dans le voisinage des eaux; ils les posent, ou sur les branches les plus basses des arbustes, ou sur une touffe d'herbe, et même à terre au pied de ces arbustes. La femelle pond cinq à six œufs, et les couve pendant environ vingt jours avec tant d'assiduité, qu'elle ne sort qu'un instant, sur le soir, pour prendre rapidement sa nourriture.

Quoique cet oiseau aime beaucoup sa liberté, il s'apprivoise cependant; il s'attache même à la longue à la personne qui a soin de lui. Lorsqu'une fois la connoissance est faite, il distingue son pas avant de la voir; il la salue d'avance par un cri de joie; et, s'il est en mue, on le voit se fatiguer en efforts inutiles pour chanter, et suppléer par la gaîté de ses mouvements, par l'âme qu'il met dans ses regards, à l'expression que son gosier lui refuse. Lorsqu'il perd sa bienfaitrice, il meurt quelquefois de regret; s'il survit, il lui faut long-temps pour s'accoutumer à une autre; il s'attache fortement, parce qu'il s'attache difficilement, comme font tous les caractères timides et sauvages.

On nourrit les petits rossignols qu'on élève, avec de la farine de millet mêlée de quelques jaunes d'œufs, dont on fait une petite pâte fort molle, en délayant le tout avec un peu d'eau. On doit de temps en temps renouveler la mousse qu'on met dans leur cage, et la couvrir soigneusement tant qu'ils seront foibles. Devenus plus forts, on leur donne du cœur de bœuf ou du mouton cru, coupé menu et pilé, et, au défaut, le blanc et le jaune des œufs durs, mêlés et unis en petits morceaux. Ils aiment singulièrement les vers de farine. En liberté, ils se nourrissent d'insectes. Les vieux mâles que l'on attrape s'apprivoisent, et finissent par chanter comme dans les bois.

LE ROITELET.

Avez-vous vu un oiseau pas plus gros que le pouce, de couleur brune, et voltigeant le long des murs bâtis en terre, près des toits couverts de chaume? c'est le roitelet, le plus petit oiseau de l'Europe. Joli, gai, plein de vivacité, il chante près de la demeure de l'homme rustique, et chante très-agréablement, beaucoup plus fort surtout qu'on ne devroit l'attendre de sa petitesse. C'est au printemps que l'amour lui inspire ses plus beaux airs. Lorsqu'il voit arriver le temps d'une nouvelle famille, il va faire son nid sous la couverture d'une chaumière, ou dans un buis-

1. L'oiseau de Paradis. 2. l'oiseau-mouche. 3. le Colibri 4. l'Hirondelle 5. le Martinet.

son. Le dehors de ce nid est couvert de mousse, et le dedans de plumes et de crin: l'oiseau lui donne la forme d'un œuf dressé sur un de ses bouts, et avec une petite issue vers le milieu pour y entrer : cette disposition garantit la couvée des intempéries de l'air.

On croiroit qu'un si petit oiseau ne doit faire qu'un ou deux œufs : il en fait six, et même dix : jugez quelle peine il doit avoir dans le temps où il faut aller chercher des mouches et des vers pour mettre dans ces dix becs ouverts à la fois pour recevoir leur nourriture ! Le pauvre oiseau ne fait qu'aller et venir ; mais avec son activité et sa tendresse, il est assez heureux pour amener la couvée à bien, et voir sa petite famille prendre l'essor et se disperser dans l'air.

L'OISEAU DE PARADIS.

VOILA un bien beau nom : oiseau de paradis ! On serait tenté de croire, d'après cela, que cet oiseau est si brillant, si magnifique, qu'on ne peut le trouver que dans le ciel. Il habite la terre tout comme les autres ; mais il mérite d'être compté au nombre des plus beaux volatiles. Ses plumes superbes pourroient servir de parure aux dames. Outre celles qu'ont ordinairement les autres oiseaux, il en a beaucoup d'autres, et de très-longues, qui prennent naissance de chaque côté dans les flancs entre l'aile et la cuisse, et qui se prolongeant bien au-delà de la queue véritable, et se confondant pour ainsi dire avec elle, lui font une espèce de fausse queue très-ample et fort longue. La tête et la gorge sont couvertes d'une espèce de velours formé par de petites plumes droites, courtes, fermes et serrées. Toutes ces plumes sont de diverses couleurs, et ces couleurs sont changeantes et donnent différents reflets selon les différentes incidences de la lumière. La tête est fort petite à proportion du corps, c'est-à-dire du volume que les plumes forment, car le corps est loin de répondre à ce volume.

L'OISEAU-MOUCHE.

L'OISEAU-MOUCHE est un véritable chef-d'œuvre de la nature. Son nom seul indique sa petitesse. Jugez comme il doit être joli et curieux à voir, cet oiseau dont la grosseur n'excède pas celle des grosses mouches qui voltigent de fleurs en fleurs, et dont les petites plumes, douces et luisantes comme la soie la plus douce, jettent au soleil les feux de l'émeraude, de la topaze et du rubis ! Son bec est aussi effilé qu'une aiguille, et ses pieds sont si courts et si menus, qu'on les aperçoit à peine ; il en fait peu d'usage ; il ne se pose que pour passer la nuit, et se laisse, pendant tout le jour, emporter dans les airs : son vol est continu, bourdonnant et rapide. Le battement des ailes est si vif, que l'oiseau, s'arrêtant dans les airs, est non-seulement immobile, mais tout-à-fait sans action ; on le voit s'arrêter ainsi quelques instants devant une fleur, et partir comme un trait pour aller à une autre ; il les visite toutes, plongeant sa petite langue dans leur sein, les flattant de ses ailes, sans jamais s'y fixer, mais aussi sans les quitter jamais. Il ne fait que pomper leur miel, et c'est à cet usage que sa langue paroît uniquement destinée; il la darde hors de son bec, et la plonge jusqu'au fond du calice des fleurs, pour en tirer les sucs.

Rien n'égale la vivacité de ces petits oiseaux, si ce n'est leur courage, ou plutôt leur audace : on les voit poursuivre avec furie des oiseaux vingt fois plus gros qu'eux, s'attacher à leur corps, et se laissant emporter par leur vol, les béqueter à coups redoublés, jusqu'à ce qu'ils aient assoupi leur petite colère. Quelquefois même ils se livrent entre eux de très-vifs combats. Ils paroissent extrêmement impatients. S'ils s'approchent d'une fleur, et qu'ils la trouvent fanée, ils la becquetent et l'arrachent avec un dépit marqué.

Ils sont solitaires, et l'amour seul les réunit deux à deux dans le temps des nichées. Le nid qu'ils construisent répond à la délicatesse de leur corps : il est fait d'un coton fin ou d'une bourre soyeuse recueillie sur des fleurs; ce nid est fortement tissu, et de la consistance d'une peau douce et épaisse. La femelle se charge de l'ouvrage, et laisse au mâle le soin d'apporter les matériaux ; elle en polit les bords avec sa gorge, et le dedans avec la queue ; elle le revêt à l'extérieur de petits morceaux d'écorce de gommier qu'elle colle à l'entour. Le tout est attaché à deux feuilles, ou à un seul brin d'oranger, de citronnier, et quelquefois à un fétu qui pend de la couverture d'une case. Ce nid n'est pas plus gros que la moitié d'un abricot, et l'on y trouve deux œufs blancs, qui ne sont pas plus gros que de petits pois. Le mâle et la femelle les couvent tour à tour pendant douze jours. En sortant des œufs, les petits sont de la grosseur des mouches. La mère leur donne à sucer sa langue toute emmiellée du suc des fleurs.

Il seroit très-difficile, pour ne pas dire impossible, d'élever des êtres aussi frêles. On se contente de les faire sécher et de les conserver après leur mort. Les jeunes Indiennes en font des pendants d'oreilles qui produisent un effet fort agréable.

LE COLIBRI.

Le colibri est encore un très-petit oiseau, mais cependant plus gros que l'oiseau-mouche. Il est aussi d'un plumage très-lisse et très-brillant; il va de même visiter les fleurs et pomper leur miel. Son nid ressemble à celui de l'oiseau-mouche: il n'est pas plus facile de l'élever que cet oiseau; mais on peut l'apprivoiser, ainsi que le prouve un trait rapporté dans la relation des Voyages du Père Labat. « Je montrai, dit ce voyageur, au Père Montdidier, un nid de colibri qui étoit sur un appentis auprès de la maison: il l'emporta avec les petits. Lorsqu'ils eurent quinze ou vingt jours, il le mit dans une cage, à la fenêtre de sa chambre, où le père et la mère ne manquèrent pas de venir donner à manger à leurs enfants, et s'apprivoisèrent tellement, qu'ils ne sortoient presque plus de la chambre où, sans cage et sans contrainte, ils venoient manger et dormir avec leurs petits. Je les ai vus souvent tous quatre sur le doigt du Père Montdidier, chantant comme s'ils eussent été sur une branche d'arbre. Il les nourrissoit avec une pâte très-fine et presque claire, faite avec du biscuit, du vin d'Espagne et du sucre : ils passoient leur langue sur cette pâte; quand ils étoient rassasiés, ils voltigeoient et chantoient. Je n'ai rien vu de plus aimable que ces quatre petits oiseaux qui voltigeoient de tous côtés, dedans et dehors de la maison, et qui revenoient dès qu'ils entendoient la voix de leur père nourricier. Il les conserva de cette manière pendant cinq à six mois, jusqu'à ce qu'il les perdit par accident, un rat les ayant mangés. »

L'HIRONDELLE.

Dès que le printemps a ranimé la nature dans nos climats, les hirondelles arrivent en troupes nombreuses des pays chauds où elles ont passé l'hiver. Leur nourriture, qui se compose de moucherons et d'autres petits insectes qu'elles saisissent dans leur vol rapide, les force ainsi à se rendre d'un pays à l'autre.

C'est dans le tuyau des cheminées que l'hirondelle commune construit son nid avec de la boue et de la paille; elle l'arrondit, unit l'intérieur et y met une couche de plume. Il faut entendre le père et la mère lorsqu'ils ont des petits ; ils sont en campagne dès le point du jour, et chantent, sur le haut de la cheminée, leur joie et leur inquiétude. Si quelqu'un touche à leur chère couvée, ils poussent les cris les plus aigus, voltigent avec douleur, et appellent à leur secours toutes les autres hirondelles.

Quand l'automne, à moitié passé, annonce les premiers froids de l'hiver, les hirondelles songent au départ; elles se rassemblent par grandes troupes, s'abattent dans un endroit, font entendre un gazouillement confus et tumultueux, comme si elles concertoient leur voyage et parloient entre elles de ce qui peut les intéresser à ce sujet ; quelquefois elles s'envolent toutes ou en partie, puis reviennent s'abattre, et finissent par prendre la volée et disparoître.

LE MARTINET.

Le martinet est une espèce d'hirondelle ; il voyage de même, et construit,

1. le Toucan. 2. le Heron. 3. la Cigogne.

comme elle, un nid en terre ; mais il place ordinairement ce nid sous un pont, aux corniches et aux fenêtres des bâtiments, aux pierres saillantes des rochers. Il plane et vole d'une vitesse extrême. Sa vue est si perçante, qu'il distingue de très-loin les insectes, et manque rarement de les attraper.

Le martinet est très-friand des œufs des autres oiseaux ; on le voit souvent rôder autour de leurs nids, et y jeter un coup d'œil de gourmandise. Il donne bien de l'inquiétude au père et à la mère, qui l'éloignent par leurs cris, et même en le poursuivant ; quelquefois en leur absence, le martinet entre, casse les œufs, les mange, tue même les petits, s'ils sont nouvellement éclos, et met la désolation dans le ménage.

LE TOUCAN.

Le toucan a le plumage d'un beau noir changeant en vert. Les couleurs de la gorge et de la poitrine varient dans les différentes espèces de cet oiseau : il y en a au Brésil, dont la poitrine est d'un bel orangé ; d'autres ont la gorge jaune et la poitrine rouge. Mais si le vêtement est magnifique, le bec, au premier abord, produit un bien vilain effet ; ce bec est énorme. Il faut cependant convenir qu'il lui est très-utile ; il s'en sert pour creuser son nid dans le tronc des arbres ; et comme il est dentelé sur les bords, il lui est très-commode pour prendre le poisson, qui fait une partie de sa nourriture.

Le toucan s'apprivoise aisément ; il se familiarise avec les poules, vient quand on l'appelle, et demeure volontiers dans une basse-cour ; mais il ne peut s'élever dans les pays froids.

LE HÉRON.

Un jour, sur ses longs pieds, alloit je ne sais où,
Le héron, au long bec, emmanché d'un long cou.

La Fontaine a, dans ces deux vers, donné la description entière du héron. Quand cet oiseau marche, il a plus de trois pieds de haut ; son cou a seize ou dix-sept pouces ; son corps, maigre, effilé et de peu de volume, est, à une certaine hauteur, presque perdu dans le vol, qui a cinq pieds, c'est-à-dire entre les deux ailes. Le bec, fendu jusqu'aux yeux, présente une longue et large ouverture; il est long de six pouces, fort, et finissant en pointe aiguë; la partie inférieure est tranchante sur les côtés, et la supérieure dentelée vers le bout, sur près de trois pouces de longueur. Cette conformation du bec lui est très-utile pour retenir le poisson, qui sans cela glisseroit facilement.

Mais comment le héron, qui ne sait pas plonger, peut-il attraper dans les eaux le poisson nécessaire à sa nourriture? Il s'avance, à l'aide de ses longues jambes, sur les bords, et fait entrer rapidement sa tête et son long cou, quand il voit passer quelque poisson. Comme il ne réussit pas toujours à en attraper, il se contente de grenouilles, et se trouve encore fort heureux, quand il en a une quantité suffisante; il les avale tout entières.

LA CIGOGNE.

La cigogne est plus grosse que le héron, et lui ressemble assez: son bec a plus de sept pouces ; elle est fort élevée sur ses jambes, et quand ses ailes sont déployées, elles embrassent un espace de plus de six pieds. Son corps est d'un blanc éclatant; les ailes sont noires, les pieds et le bec rouges, et son long cou est arqué. Son vol est puissant et soutenu : elle porte alors la tête roide en avant, et les pattes étendues en arrière, comme pour lui servir de gouvernail. Elle s'élève fort haut, et fait de très-longs voyages, même dans les saisons orageuses.

Cet oiseau change de pays suivant les saisons : c'est au printemps qu'il arrive dans nos climats ; il s'arrête de préférence auprès des habitations des hommes : il s'établit sur les tours, sur les cheminées et sur le comble des édifices, quelquefois sur les arbres, mais toujours près de nous ; il vient même dans les villes, et ne paroît pas en craindre le tumulte. Quand il a adopté un lieu, il y revient constamment tous les ans, reprend même son ancien nid, s'il le retrouve, ou le rebâtit à la même place avec des brins de bois et des herbes de marais qu'il entasse en quantité.

La cigogne ne pond guère que deux ou quatre œufs ; le mâle couve dans le temps que la femelle va chercher sa pâture ; les œufs éclosent au bout d'un mois ; le père et la mère redoublent alors d'activité pour porter la nourriture à leurs petits, qui la reçoivent en se dressant et rendant une espèce de sifflement ; le mâle reste à quelque distance du nid, quand la femelle va chercher de la nourriture, et la femelle reprend le même poste à son tour.

Cet oiseau est d'un naturel assez doux, et n'est ni défiant ni sauvage. Sa contenance est presque toujours triste et morne. Dans l'attitude du repos, il se tient sur un pied, le cou replié, la tête en arrière et couchée sur l'épaule ; il guette les mouvemens de quelques reptiles qu'il fixe d'un œil perçant ; les grenouilles, les lézards, les couleuvres et les petits poissons sont la proie qu'il va cherchant dans les marais et sur le bord des eaux, et dans les vallées humides.

Nous avons vu quels soins la cigogne prend de ses petits : on assure qu'elle n'en prend pas moins de ses parents et des vieilles cigognes qui n'ont plus de force. On a souvent vu de ces oiseaux, jeunes et vigoureux, apporter de la nourriture à d'autres qui, se tenant sur le bord du nid, paroissoient languissantes et affoiblies. C'est pour cette raison que les Romains nommoient la cigogne l'*Oiseau pieux*. Les Grecs firent une loi pour ordonner aux enfants de nourrir leurs pères et mères, et donnèrent à cette loi le nom de la cigogne, en l'offrant comme un modèle que devoient se proposer les hommes qui n'avoient pas honte d'avoir moins de vertu que cet animal.

LA GRUE.

La grue est un peu plus grande que la cigogne. Son port est droit, sa figure élancée, et ses plumes sont cendrées et noires. De tous les oiseaux voyageurs, c'est celui qui entreprend et exécute les courses les plus lointaines et les plus hardies. Originaire du Nord, la grue visite les régions tempérées, et s'avance dans celles du Midi. En automne, elle vient s'abattre sur nos plaines marécageuses et nos terres

1. la Grue. 2. le Manchot

ensemencées ; puis elle se hâte de passer dans les climats méridionaux, d'où, revenant avec le printemps, on la voit s'enfoncer de nouveau dans le Nord, et parcourir ainsi un cercle de voyages avec le cercle des saisons.

Ces oiseaux portent leur vol très-haut, et se mettent en ordre pour voyager ; ils forment un triangle pour fendre l'air plus aisément. Quand le vent se renforce et menace de le rompre, ils se resserrent en cercle ; ce qu'ils font encore quand les aigles les attaquent. Leur passage se fait assez ordinairement dans la nuit, mais leur voix éclatante avertit de leur marche. Dans ce vol de nuit, le chef fait entendre fréquemment une voix de réclame, pour avertir de la route qu'il tient : elle est répétée par la troupe.

Quand les grues se reposent à terre, elles prennent des précautions pour n'être point surprises : elles se tiennent assemblées, et établissent une garde pendant la nuit. La troupe alors dort tranquillement, la tête cachée sous l'aile ; mais la sentinelle veille la tête haute ; et si quelque objet la frappe, elle en avertit par un cri.

Quoique la grue soit granivore, c'est-à-dire qu'elle se nourrisse de grains, et qu'elle n'arrive ordinairement sur les terres qu'après qu'elles sont ensemencées, pour y chercher les grains que la herse n'a pas couverts, elle préfère néanmoins les insectes, les vers, les petits reptiles; et c'est par cette raison qu'elle fréquente les terres marécageuses, dont elle tire la plus grande partie de sa subsistance.

LE MANCHOT.

VOYEZ sur la gravure ce drôle d'oiseau. On l'appelle manchot, et ses petites aîles, sans force et retombantes, lui donnent effectivement un air de manchot. Il lui est de toute impossibilité de voler; mais, en récompense, il nage avec une rapidité et une légèreté singulières. Il n'a que de petites plumes épaisses, dures et luisantes, placées aussi près l'une de l'autre que les écailles du poisson. Cette cuirasse lui est nécessaire, aussi-bien que l'épaisseur de graisse dont il est enveloppé, pour le mettre en état de résister au froid; car il vit continuellement dans la mer, et s'est confiné dans les climats froids et tempérés. On le trouve principalement dans la partie du nord de la grande mer Pacifique.

Quand cet oiseau vient sur la terre, il y paroît de la manière la moins avantageuse : sa marche est lourde et lente; pour avancer et se soutenir sur ses pieds courts et posés tout à l'arrière du ventre, il faut qu'il se tienne debout; son gros corps se redresse en ligne perpendiculaire avec le cou et la tête : dans cette attitude on le prendroit de loin pour un petit enfant avec un tablier blanc.

Dans les lieux qu'il habite, il s'y trouve en une quantité considérable. « Nous descendîmes, dit un voyageur appelé Narborough, dans une île où nous prîmes trois cents manchots dans l'espace d'un quart-d'heure. Nous en aurions pris aussi facilement trois mille, si la chaloupe avoit pu les contenir. On les chassoit en troupeaux devant soi, et on les tuoit d'un coup de bâton sur la tête. »

« A notre retour au Port-Désiré, dit

un autre voyageur, nommé Wood, nous ramassâmes environ cent mille œufs de manchots, dont quelques-uns furent gardés à bord plus de quatre mois sans qu'ils se gâtassent. »

Ces deux citations doivent donner une idée de la quantité prodigieuse de manchots dans le nord de la mer Pacifique. Leur chair est mangeable, et ne sent point le poisson, quoiqu'ils s'en nourrissent.

LE CORMORAN.

Le cormoran habite aussi la surface des eaux, et sait plonger dans leur sein avec une facilité et une rapidité surprenantes.

Il est presque aussi gros que l'oie domestique. Les plumes qui couvrent sa tête et le haut de son cou sont fines, lustrées et d'un vert foncé; ces plumes forment une espèce de huppe et de mentonnière qui est un ornement singulier. La gorge est blanche; tout le reste du plumage est d'un noir vert avec des reflets obscurs.

Il y a peu d'oiseaux aquatiques qui soient plus habiles pêcheurs que le cormoran; aussi, quand il vient sur un étang, on

1. le Cormoran. 2 le Pelican.

s'en aperçoit bientôt. Il poursuit sa proie en plongeant. Lorsqu'il a fait sa capture, il reparoît tenant le poisson qu'il a pris en travers de son bec. Cette position ne pourroit que l'empêcher d'avaler sa proie; mais son industrie lui en donne bientôt la facilité : il jette le poisson en l'air, en lui faisant faire un demi-tour, afin que la tête retombe la première, et il rattrape avec tant d'adresse, qu'il ne manque jamais son coup ; après quoi il l'avale. Par ce moyen, les nageoires et l'arête qui est sur le dos se couchent le long du cou du poisson.

On sait, à la Chine, faire tourner au profit de l'homme le talent du cormoran pour la pêche. Un pêcheur peut aisément gouverner jusqu'à cent de ces pourvoyeurs. On les place sur les bords du bateau, et lorsqu'on est arrivé au lieu de la pêche, au moindre signal ils partent tous et se dispersent sur un étang. Ils cherchent, ils plongent, ils reviennent cent fois sur l'eau, jusqu'à ce qu'ils aient trouvé leur proie ; alors ils la saisissent avec leur bec, et la portent incontinent à leur maître. On a la précaution de leur mettre un anneau au bas du cou de peur qu'ils ne succombent à la tentation d'avaler le poisson de la pêche, ce qui arriveroit sûrement ; et s'ils étoient rassasiés, ils n'auroient plus ni ardeur, ni courage, ni envie de travailler.

Les cormorans, quand ils ont pris le poisson nécessaire à leur nourriture, vont se percher sur les arbres les plus élevés. Ils se retirent aussi sur les rochers des bords de la mer, où ils se nichent.

LE PÉLICAN.

Le pélican a été donné pour le symbole de la tendresse paternelle, et l'on a long-temps cru qu'il se déchiroit effectivement l'estomac pour nourrir ses petits de son sang. Cette exagération se réduit à une large poche membraneuse qui se trouve sous le bec, et dans laquelle l'oiseau conserve une partie du poisson qu'il prend, pour le dégorger ensuite et le donner à ses petits. Cette poche mérite attention ; elle est si large et tellement susceptible de se distendre, qu'elle peut contenir plus de vingt pintes d'eau ; sa couleur est jaunâtre.

Le pélican est beaucoup plus gros que

le cygne. Son bec est fort gros, et ressemble à une cognée, en ce qu'il est plat et conserve presque la même largeur dans toute son étendue; il a près d'un pied et démi de long, et plus d'un pouce et demi de large. La plupart de ses plumes ont une teinte rose foncé.

Les poissons forment la nourriture des pélicans. Quand cet oiseau est seul, il s'élève à une certaine hauteur, et se soutient au-dessus des eaux jusqu'à ce qu'apercevant une proie qui lui convienne, il fonde dessus à pic; il frappe en même temps l'eau de ses deux ailes, ce qui la fait bouillonner et tourbillonner, au point que le poisson ne peut plus échapper. Mais quand les pélicans se trouvent en troupe sur les eaux, ils se réunissent et forment un cercle, qu'ils rétrécissent toujours en nageant, pour se saisir ensuite des poissons qu'ils ont rassemblés et poussés devant eux dans un espace fort étroit. Ils en avalent du poids de sept à huit livres: mais ils ne les font pas passer de suite dans leur estomac; ils les conservent dans la poche qui leur pend sous le bec.

Quand ces oiseaux ont fait leur provision, ils se retirent sur quelque terrain élevé, et y passent la journée, faisant remonter le poisson qu'ils ont amassé dans leur poche, et dont ils se nourrissent de cette façon.

Le pélican est un oiseau triste, mélancolique, lent à marcher, et paresseux à changer de place. Il passe une partie du jour comme enseveli dans le sommeil. C'est le matin et le soir qu'il va à la pêche.

LE CHIEN ET LES DEUX RENARDS,

Fable.

Un chien avoit perdu son maître; il avoit en même temps perdu le repos. Longtemps il courut de côté et d'autre, cherchant, quêtant, et appelant en son langage: la douleur lui avoit fait oublier jusqu'au manger. Enfin la nature le força à s'en ressouvenir: le pauvre animal tomba de lassitude et de faim au pied d'un arbre dans une forêt.

Sur ces entrefaites, un renard passa,

portant une bonne proie qui eût suffi pour trois. Ami renard, dit le chien, donne-moi un peu de nourriture, ou je vais mourir. Bon! dit le renard, crois-tu que je vais à la chasse pour toi? ce que j'ai m'a coûté de la peine, et je le garde: à ma place, tu en ferois tout autant; je fais donc comme toi; d'ailleurs, ne sommes-nous pas en guerre? Cherche mieux tes dupes et tes amis: adieu.

Le chien soupira. Je mourrai, se dit-il; car je n'aurai jamais la force de chasser en l'état où je suis.

Un autre renard parut, et, aussi heureux que son confrère, il emportoit également de quoi garnir sa cuisine. Les malheureux sont timides; le chien n'osa pas s'exposer à un nouveau refus. Heureusement que le renard le remarqua: il eut d'abord quelque frayeur. Que crains-tu? dit le chien; ne vois-tu pas que je vais mourir? Dans ce cas, reprit le renard, la paix soit faite entre nous; puis-je te rendre service?

Tu parles en brave renard, dit le chien, peut-être un jour me trouverai-je à propos pour te rendre la pareille ; donne-moi donc à manger, car je meurs de faim.

Il n'avoit pas achevé de se faire entendre, que le renard avoit déjà posé sa proie sur le gazon ; il n'y eut pas d'autre cérémonie, et le repas fut expédié avec un très-bon appétit de part et d'autre.

Je me trouve mieux, dit le chien ; grand merci, camarade ; mais il ne sera pas dit que je me sois dépêché de manger ton dîner pour te dire adieu plus vite : je veux t'accompagner un bout de chemin.

La civilité plut au renard ; et les voilà qui vont en devisant. Bien lui prit d'avoir un compagnon ; seigneur le loup, qui songeoit aussi à dîner, l'attendoit au passage. Le chien s'étoit un peu arrêté : le loup, qui ne le savoit point de la promenade, crut que cette aventure ne seroit qu'un jeu : il sauta sur le renard. Et de deux ! dit-il ; abondance de biens ne nuit jamais. J'ai pris ton camarade, et je te prends : en voilà pour plus d'un repas.

C'est ce que nous allons voir, cria le chien. Le loup, qui n'aimoit pas les combats où il n'y avoit rien de bon à gagner pour lui, vouloit arranger l'affaire; mais le chien fut sourd; il étoit fort, et le renard fut sauvé et vengé : le loup resta sur la place, à côté du premier renard qui, ne s'étant point fait d'ami pour le secourir, avoit succombé.

Oh! combien j'ai été heureux de te rencontrer! s'écria le renard; je périssois sans toi. Sans toi, reprit le chien, je périssois aussi. Il faut s'entr'aider, mon ami, et l'on ne s'en trouve que mieux.

Le but de cette fable est de montrer que nous devons être utiles à nos semblables chaque fois que nous le pouvons. Si je n'aide pas mon frère, aurai-je droit de lui demander de l'aide dans le besoin où je me trouverai?

LE RAT ET SON FILS,

Fable.

ÉCOUTEZ les avis de vos parents; ils ont l'expérience qui vous manque, et ne songent qu'à votre bonheur.

Un vieux rat disoit à son fils : Mon enfant, prends bien garde à toi ; ne marche qu'avec la plus grande précaution ; car l'homme et le chat, nos ennemis mortels, nous tendent des piéges de tous côtés : là, tu trouveras une cage de fer ou une boîte contenant quelque friandise ; crains d'y mettre seulement le bout du nez ; fuis, au contraire, au plus vite : ici ce seront quelques petites boulettes d'une odeur appétissante ; je t'en conjure, ne te laisse point tenter, car c'est un poison terrible qui donne la mort à ceux qui s'avisent d'y toucher : ailleurs, tu seras tout-à-coup surpris par quelqu'un de ces monstres à l'œil faux, au long poil, que l'on nomme chats. Voilà les dangers que tu as à courir, mon fils : te voilà averti ; si tu péris, ce sera ta faute.

O mon père ! s'écria le jeune rat, soyez sans inquiétude ; sera bien fin qui m'attrapera, et le chat ne me fait pas plus de peur que la souricière. En même temps il décampa, dans la crainte d'entendre un nouveau sermon.

Comme il sortoit de son trou, il sent une

odeur délicieuse de jambon, et respire de côté et d'autre, pour savoir d'où venoit cet agréable parfum. Bon! il vient de là, dit-il; allons-y: je dois faire aujourd'hui un bon dîner, ou jamais. Il trotte, et le voilà arrivé auprès d'une petite boîte de bois où pendoit le dîner de mon drôle: la vue en fut aussi flattée que l'odorat. Mais à propos, réfléchit notre rat, ne seroit-ce pas là une souricière? Bon! que je suis imbécille! cette boîte est tout ouverte, et puisqu'une souricière est une prison, elle doit être, au contraire, bien fermée. Si l'on entre ici, il sera facile d'en sortir: cela est de la dernière évidence; et je ne suis pas assez nigaud pour fermer la porte derrière moi. Dînons.

Le voilà à dîner. Sa dent touche à l'excellent jambon..... Taque!...... Qu'est-ce que cela? dit-il en se retournant, tout effrayé. Oh! ce n'est rien, peu de chose, en vérité; vous voilà seulement enfermé, monsieur le rat. Votre dent a fait partir le ressort: à présent, attendez un libérateur.

Le pauvre rat couroit d'un coin à l'autre,

se désoloit, et ne pensoit plus au jambon. Il eut beau faire, il fallut rester dans la fatale prison.

Arrive quelqu'un : c'est un homme ; il regarde par la petite grille de fer : Bon ! s'écria-t-il d'une voix de tonnerre, il y en a un de pris. Minet ! Minet ! tiens, Minet ! Et Minet se dépêche d'accourir, fait le gros dos, lève la queue, et frotte son nez contre la souricière. Le rat, à moitié mort de peur, se retire dans un coin. On lève la trappe. Il croit pouvoir s'échapper ; il fuit.... Hélas ! le malheureux se trouve aussitôt sous la patte terrible du chat ; bientôt il est entre ses dents féroces ; enfin, ses os craquent, sa peau se déchire..... Il n'existe plus ; le chat l'a mangé.

Voilà, mes enfans, ce qui arrive quand on n'écoute pas les sages conseils de ses parents et de ses maîtres : on tombe dans quelque piége, et l'on porte la juste peine de sa désobéissance.

LE JEU DE QUILLES ET L'ENFANT,

Fable.

Un jeune enfant, joli tout-à-fait, lisoit bien, récitoit plusieurs fables, et remplissoit avec exactitude tous ses devoirs.

Mon ami, lui dit un jour sa maman, comme tu travailles bien, il est juste que tu t'amuses. Voilà un jeu de quilles pour t'occuper dans tes heures de récréation. Et là-dessus elle l'embrassa.

Mon petit drôle veut aussitôt étrenner son présent. Voilà les quilles dressées; il lance la boule, et voilà des quilles à terre. Comment donc, c'est charmant! et les quilles de tomber encore, puis encore, puis toujours. Il n'étoit plus question que de cela. Quant au livre, quant aux fables, il n'y pensoit pas plus que s'il n'y en eût jamais eu au monde.

Ah! oui-da, dit la maman, je vous aurai donné des quilles pour vous faire oublier vos devoirs! Je reprends mon présent ; vous n'êtes pas digne d'en jouir. Apprenez, monsieur, que je vous l'avois donné seulement pour vous délasser, et non pour occuper tout votre temps. Pour mériter le plaisir, il faut auparavant avoir travaillé. Etudiez, mon fils, après cela vous jouerez.

FIN.

www.ingramcontent.com/pod-product-compliance
Ingram Content Group UK Ltd.
Pitfield, Milton Keynes, MK11 3LW, UK
UKHW022108190726
13855UKWH00002B/714